| | |
|---|---|
| school - sukuu | 2 |
| travel - akwantuo | 5 |
| transport - ɛhyɛn | 8 |
| city - kuropɔn | 10 |
| landscape - asaase | 14 |
| restaurant - adidibea | 17 |
| supermarket - dwakɛseɛmu | 20 |
| drinks - nsa | 22 |
| food - aduane | 23 |
| farm - afuo | 27 |
| house - efie | 31 |
| living room - ɛdan a wɔtena mu | 33 |
| kitchen - gyaade | 35 |
| bathroom - adwareɛ | 38 |
| kids room - abɔfra dan mu | 42 |
| clothing - ataadeɛ | 44 |
| office - ɔfise | 49 |
| economy - sikasem | 51 |
| occupations - nnwuma ahodoɔ | 53 |
| tools - akadeɛ | 56 |
| musical instruments - mfidie a wɔde bɔ nnwom | 57 |
| zoo - mmoakurabea | 59 |
| sports - agokansie | 62 |
| activities - dwumadie ahodoɔ | 63 |
| family - abusua | 67 |
| body - nipadua | 68 |
| hospital - asopiti | 72 |
| emergency - putupru | 76 |
| earth - Ewiase | 77 |
| clock - mmerɛ kyerɛfoɔ | 79 |
| week - nnawɔtwe | 80 |
| year - afe | 81 |
| shapes - bɔbea | 83 |
| colors - ahosuo | 84 |
| opposites - abirabɔ | 85 |
| numbers - nɔma | 88 |
| languages - kasa ahodoɔ | 90 |
| who / what / how - hwan/aden/ sɛn | 91 |
| where - hefa | 92 |

Impressum
Verlag: BABADADA GmbH, Nedderfeld 112 , 22529 Hamburg
Geschäftsführer / Verlagsleitung: Harald Hof
Druck: Books on Demand GmbH, In de Tarpen 42, 22848 Norderstedt

Imprint
Publisher: BABADADA GmbH, Nedderfeld 112 , 22529 Hamburg, Germany
Managing Director / Publishing direction: Harald Hof
Print: Books on Demand GmbH, In de Tarpen 42, 22848 Norderstedt

# school
# sukuu

- divide — kyɛmu
- board — bɔɔdo
- classroom — adesua dan mu
- school yard — sukuu asaase
- teacher — ɔkyerɛkyerɛni
- paper — krataa
- pen — twerɛdua
- desk — pono
- write — twerɛ
- ruler — susudua
- book — nwoma
- pupil — sukuuni

satchel
baage

pencil case
adeɛ wɔde twerɛdua hyɛ mu

pencil
twerɛdua

pencil sharpener
adea wɔde sensene twerɛdua ano

rubber
rɔba

drawing pad
drɔɔwin nkrataa

drawing
droowin

paintbrush
adeɛ a wɔde bɔ akaadoo mu

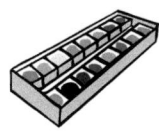

paint box
akaadoo adaka

scissors
apasoo

glue
aduro a wɔde sɔ nnooma bɔ mu

exercise book
krataa wɔyɛ dwumadie wɔ mu

homework
efie adwuma

number
nɔma

add
ka bom

subtract
te frim

multiply
fabaho

calculate
bo ho nkonta

letter
atwerɛdeɛ

alphabet
atwerɛdeɛ

word
asɛm

school - sukuu

| text | read | chalk |
|---|---|---|
| atwerɛ | kan | chalk |

 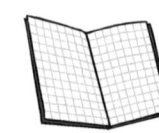 

| lesson | register | examination |
|---|---|---|
| adesua | krataa a din ahodoɔ wɔ mu | nsɔhwɛ |

| certificate | school uniform | education |
|---|---|---|
| nimdeɛ krataa | sukuu ataadeɛ | adesua |

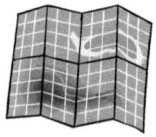  

encyclopedia — university — microscope
encyclopedia — suapɔn kɛseɛ — afidie a wɔde hwɛ adeɛ aniwa ntumi nhunu

map
asaase mfonin a ɛwɔ krataa so

waste-paper basket
kɛntɛn a wɔde krataa na ayɛ a wɔde nwura gu mu

school - sukuu

# travel
## akwantuo

hotel
ahomegyebea

hostel
atenaeɛ

currency exchange office
baabi aa yɛsesa

suitcase
baage a wɔde nnooma gu mu

car
kaa

language
kasa

yes / no
aane / daabi

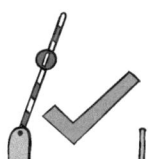

Okay
Yoo

hello
hɛlo

translator
deɛ wɔkyerɛkyerɛ kasa ase

Thank you
Medaase

travel - akwantuo 5

how much is...?
... ɛyɛ sɛn?

I don´t get it
Menteaseɛ

problem
ɔhaw

Good evening!
Maadwo!

Good morning!
Maakye!

Good night!
Da yie!

goodbye
nante yie

direction
akwankyerɛ

luggage
nnooma a wɔde tu kwan

bag
kɔtɔkuo

backpack
baage a yɛde bɔ yakyi

guest
ɔhɔhoɔ

room
danmu

sleeping bag
bag a yɛda mu

tent
ntomadan

travel - akwantuo

tourist information

adesrafoɔ nsɛm

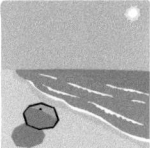

beach

po ano

credit card

krɛdit kaade

breakfast

anopa aduane

lunch

awia aduane

dinner

anwumerɛ aduane

Ticket

tikiti

elevator

pagya

stamp

agyinahyɛdeɛ

border

ɛhyeɛ

customs

adwumayɛfoɔ a wɔgyina aman mmienu hyeɛ so

embassy

ɔman bi asoeɛ

visa

akwantuo krataa

passport

akwantuo krataa

travel - akwantuo

# transport
## ɛhyɛn

- airplane — ɛwiemhyɛn
- ship — suhyɛn
- fire truck — afidie wɔde dum gya
- truck — ɛhyɛn
- bus — bɔs
- motorboat — motoboto
- car — kaa
- bike — dadepɔnkɔ

ferry
subonto

boat
suhyɛn

motorbike
dadepɔnkɔ

police car
apolisifoɔ kaa

racing car
kaa a wɔde si akan

rental car
hyɛn aa yɛ hain

transport - ɛhyɛn

car sharing

kaa a wɔde ma obi de di dwuma

tow truck

kaa a wɔde twe ɛhyɛn a asɛe

garbage truck

bɔɔla kaa

engine

moto

fuel

ngo

fuel station

beaɛ a wɔtɔn pɛtro

traffic sign

trafik ahyɛnsodeɛ

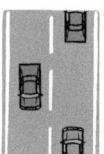

traffic

trafik

traffic jam

ɛhyɛn ntumi nkɔ ntɛm

parking lot

kaa gyinabea

train station

keteke steshin

tracks

ketekye kwan

train

ketekye

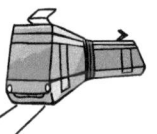

tram

ketekye

wagon

afidie a wɔtena mu wɔ wiem tu kwan

transport - ɛhyɛn

helicopter
ewiemhyɛn

airport
dadeɛanoma gyinabea

tower
dan tentene

passenger
obi a wɔforo hyɛn

container
adaka

carton
adaka

cart
teaseɛnam

basket
kɛntɛn

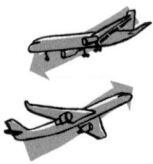
take off / land
tu / si fam

## city
## kuropɔn

village
akurase

city center
kuropɔn hyiabea

house
efie

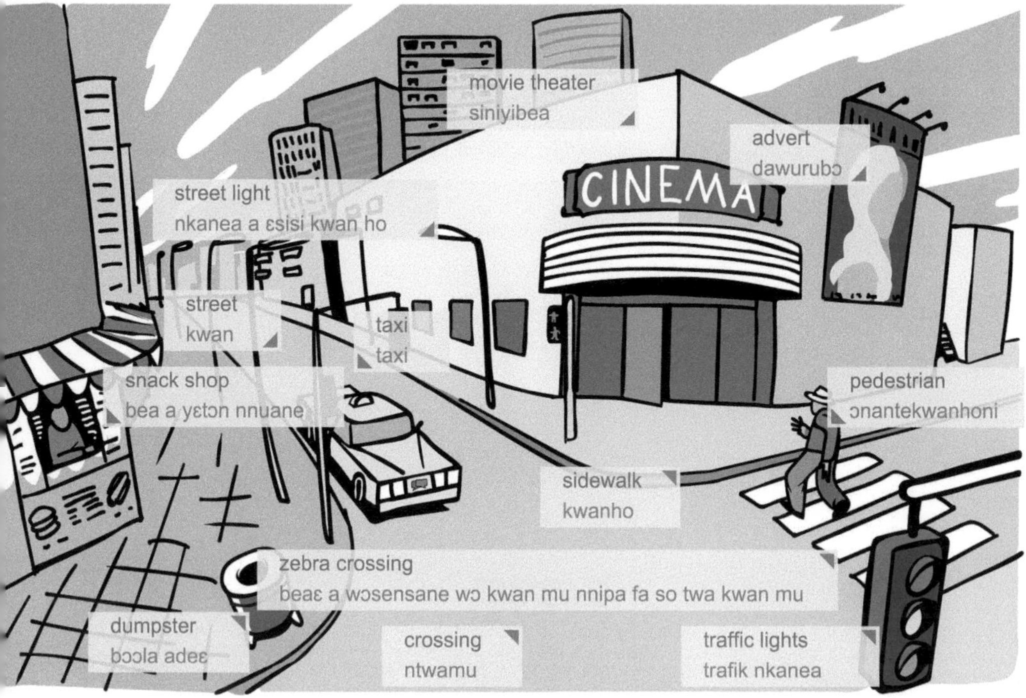

movie theater
siniyibea

advert
dawurubɔ

street light
nkanea a ɛsisi kwan ho

street
kwan

taxi
taxi

snack shop
bea a yɛtɔn nnuane

pedestrian
ɔnantekwanhoni

sidewalk
kwanho

zebra crossing
beaɛ a wɔsensane wɔ kwan mu nnipa fa so twa kwan mu

dumpster
bɔɔla adeɛ

crossing
ntwamu

traffic lights
trafik nkanea

hut
ntaabodan

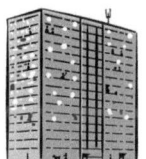

apartment
tenabea

train station
keteke steshin

city hall
kurom nhyiadanmu

museum
mesiɔm

school
sukuu

city - kuropɔn

university
suapon kɛseɛ

bank
sikakorabea

hospital
asopiti

hotel
ahomegyebea

pharmacy
beaɛ a wɔtɔn nnuro

office
ɔfise

book shop
beaɛ a wɔtɔn nwoma

shop
beaɛ a wɔtɔn adeɛ

flower shop
nhwiren kuani

supermarket
dwakɛseɛmu

market
dwamu

department store
asoeɛ sotɔɔ

fishmonger's shop
nnam tɔnfo

mall
adetɔ beae

harbor
suhyɛn gyinabea

city - kuropɔn

park
agodibea

bench
akonnwa

bridge
nsamsɔɔ

stairs
adeɛ wɔee foro aborosan

subway
asaasease

tunnel
tɔkuro a w'atu no asaase mu de ayɛ kwan

bus stop
ɛhyɛn gyinabea

bar
nsanombea

restaurant
adidibea

postbox
krataa adaka

street sign
kwan ahyɛnsodeɛ

parking meter
kaagyinaho meta

zoo
mmoakurabea

swimming pool
nsuo a wɔdware mu

mosque
masalakyi

city - kuropɔn

farm
afuo

pollution
ewiem sɛeɛ

cemetery
nsamanpɔ mu

church
asore

playground
agodibea

temple
hyiadan

# landscape
# asaase

leaf
ahaban

signpost
akyerɛkyerɛkwan

path
kwan

meadow
sare asaase

stone
boba

tree
dua

hiker
pipo so foronii

river
asubontene

grass
nsensan

flower
nhwiren

landscape - asaase

valley
ɛbɔn

hill
bepɔ

lake
sutadeɛ

forest
kwaeɛ

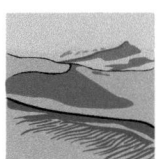
desert
ɛserɛ so

volcano
egya a ɛfiri bepɔ mu ba

castle
ahenfie

rainbow
nyankontɔn

mushroom
mmire

palm tree
abɛdua

mosquito
ntontom

fly
wasena

ant
ntatea

bee
wowa

spider
ananse

landscape - asaase

beetle
kukurubibi

frog
apɔnkyerɛnee

squirrel
opuro

hedgehog
kotoko

hare
adanko

owl
patuo

bird
anomaa

swan
dabodabo

boar
kɔkɔte

deer
wansane

moose
torɔm

dam
sutadeɛ

wind turbine
mframa tɛɛbain

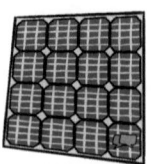
solar panel
adeɛ ɛtwe anyinam ahoden firi awia mu

climate
ewiem

landscape - asaase

# restaurant
## adidibea

**waiter** — barima a wɔsom wɔ beaɛ a wɔtɔn aduane

**menu** — nwoma aduane ahodoɔ wɔtɔn

**chair** — akonwa

**soup** — nkwan

**pizza** — pizza

**tablecloth** — ntoma a wɔde kata ɛpono so

**cutlery** — atere ne nsikan a wɔde didie

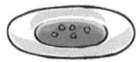

starter
ahyɛaseɛ

main course
aduane titriw

dessert
nnɔkɔnnɔkwade

drinks
nsa

food
aduane

bottle
toa

restaurant - adidibea

fast food
aduane wɔyɛ no ɔhare so

street food
aduana a ɛyɛ kwan ho

teapot
tea kukuo

sugar bowl
asikyire kyɛnsen

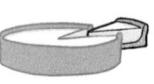
portion
fa

espresso machine
espresso afidie

high chair
akonwa tenten

bill
ka krataa

tray
apanpan

knife
sikanmoa

fork
adinam

spoon
atere

teaspoon
tea atere

serviette
ntoma a wɔde sɛ pono so

glass
ahwehwɛ

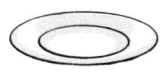
plate
plɛɛte

soup plate
nkwan plɛɛte

saucer
plɛte ketewa

sauce
frɔyɛ

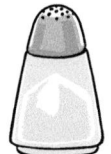
salt shaker
nkyene kukuo

pepper mill
adeɛ a wɔde twi mako

vinegar
vinegar

oil
anwa

spices
atosodeɛ

ketchup
ketchup

mustard
sinapi aba

mayonnaise
mayonis

restaurant - adidibea

# supermarket
# dwakɛseɛmu

special offer
akwanya soronko

customer
obi a wɔtɔ wadeɛ

dairy products
milikyi nnuane

fruit
nnuaba

ɔ adeɛ pia berɛ a wɔretɔ adeɛ

butcher's shop
nnamtwafo

bakery
brodotofo

weigh
susu

vegetables
atosodeɛ

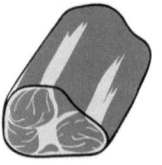

meat
nnam

frozen food
aduane a wɔde ahyɛ
sukɔtwea adaka mu

supermarket - dwakɛseɛmu

cold cuts
nnam a yɛy nwunu

canned food
nnuane a ɛwɔ konku mu

detergent
aduro a wɔde si nnooma

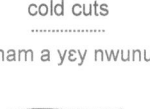
candy
adɔkɔkɔdɔkɔdeɛ

household products
efie nnooma

cleaning products
nnuro a wɔde hohoro nnooma ho

sales representative
adetɔni

cash register
adeɛ a wɔgye sika de gu mu

cashier
obi a wɔhwɛ sika so

shopping list
nnooma a wobɛtɔ

opening hours
mmerɛ a ɔmo de bue

wallet
kɔtɔkuo

credit card
krɛdit kaade

bag
bɔtɔ

plastic bag
rɔba bɔtɔ

supermarket - dwakɛseɛmu

# drinks
## nsa

water
nsuo

juice
aduaba mu nsuo

milk
milikyi

coke
coke

wine
nsa

beer
beer

alcohol
nsaden

cocoa
kookoo

tea
tea

coffee
kɔfe

espresso
espresso

cappuccino
cappuccino

# food
# aduane

banana
kwadu

apple
aprɛ

orange
akutuo

melon
mɛlɔn

lemon
akutuo

carrot
karɔt

garlic
galeke

bamboo
mpampuro

onion
gyeene

mushroom
mmire

nuts
nkateɛ

noodles
talia

| spaghetti | rice | salad |
|---|---|---|
| talia | ɛmo | salad |

| fries | fried potatoes | pizza |
|---|---|---|
| kyips | aborodwomaa w'akye | pizza |

| hamburger | sandwich | escalope |
|---|---|---|
| hamburger | sandwiɔh | ntwetwade |

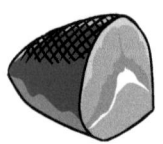

| ham | salami | sausage |
|---|---|---|
| prɛko nam | salami | sɔsegye |

| chicken | roast | fish |
|---|---|---|
| akokɔnam | toto | nsuomunam |

food - aduane

porridge oats
oats koko

muesli
muesli

cornflakes
cornflakes

flour
esam

croissant
croissant

bread roll
brodo a yabobɔ

bread
brodo

toast
ho

cookies
biskit

butter
bɔta

curd
koko

cake
ɔfam

egg
kosua

fried egg
kosua a yakye

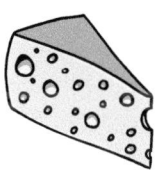

cheese
kyeese

food - aduane

ice cream
ise krim

sugar
asikyire

honey
ɛwoɔ

jelly
ɛam

nougat cream
kyɔkolate a wɔde yɛ aduane mu

curry
kɔri

food - aduane

# farm
## afuo

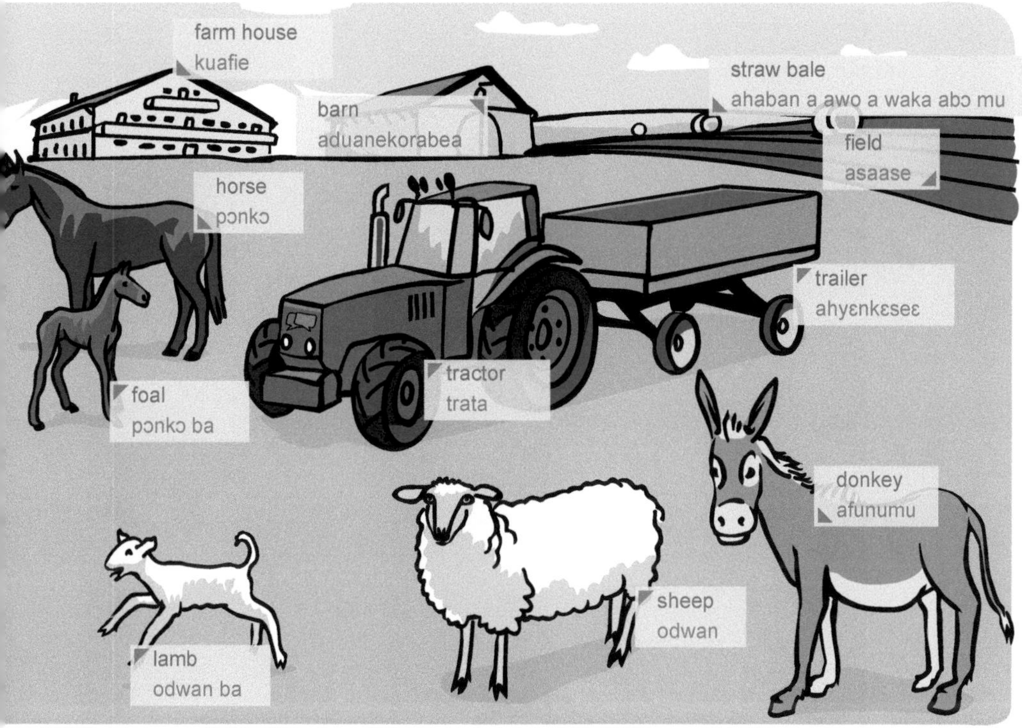

farm house — kuafie
barn — aduanekorabea
straw bale — ahaban a awo a wakɔ abɔ mu
field — asaase
horse — pɔnkɔ
trailer — ahyɛnkɛseɛ
foal — pɔnkɔ ba
tractor — trata
donkey — afunumu
lamb — odwan ba
sheep — odwan

goat
apɔnkye

cow
nantwie

calf
nantwie ba

pig
prɛko

piglet
prɛko ba

bull
nantwinini

goose
dabodabo

duck
dabodabo

chick
akokɔba

hen
akokɔbedeɛ

cockerel
akokɔnini

rat
akura

cat
agyinamoa

mouse
akura

ox
nantwi

dog
ɔkraman

dog house
kramanfie

garden hose
drobɛn a wɔde nsuo fa mu gugu nnooma so

watering can
toa wɔde nsuo gu mu de gugu nnooma so

scythe
kantankrankyi

plow
afidie a wɔde funtum asaase ani

sickle
sɔsɔwa

hoe
asɔ

pitchfork
fɔɔki kɛseɛ

axe
akuma

pushcart
hweebaro

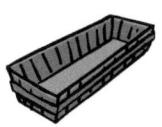

trough
adea mmoa didi mu

milk can
milikyi konku

sack
kotoku

fence
ɛban

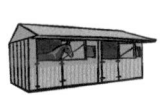

stable
mmoa dan

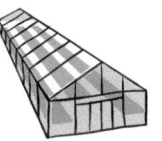

greenhouse
nnuaba dan mu

soil
anwea

seed
aba

fertilizer
nnuro a wɔde gu mfudeɛ ho

combine harvester
nnuanetwa kaa kɛse

farm - afuo

harvest
twa

harvest
mfudeɛ

yams
bayerɛ

wheat
ayuo

soya
soya

potato
aborɔdwomaa

corn
aburo

rapeseed
rapedua aba

fruit tree
aduaba dua

manioc
bankye

grain
aburo aduane

# house
# efie

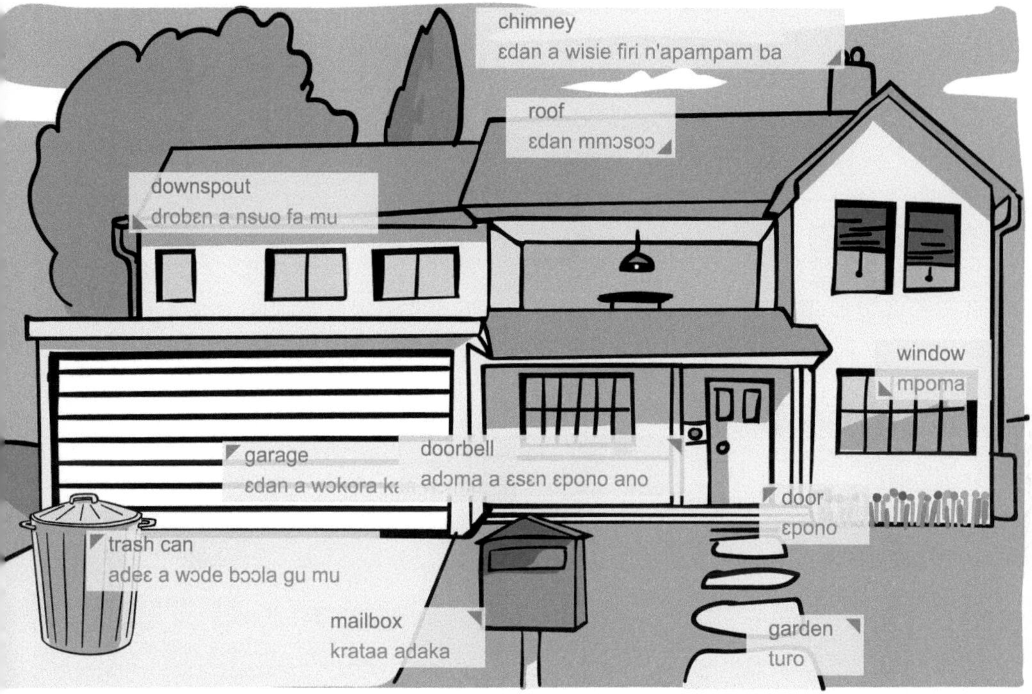

**chimney**
ɛdan a wisie firi n'apampam ba

**roof**
ɛdan mmɔsoɔ

**downspout**
drobɛn a nsuo fa mu

**window**
mpoma

**garage**
ɛdan a wɔkora kɑ

**doorbell**
adɔma a ɛsɛn ɛpono ano

**door**
ɛpono

**trash can**
adeɛ a wɔde boɔla gu mu

**mailbox**
krataa adaka

**garden**
turo

living room

ɛdan a wɔtena mu

bathroom

adwareɛ

kitchen

gyaade

bedroom

piam

kids room

abɔfra dan mu

dining room

ɛdan a wɔdidi wɔ mu

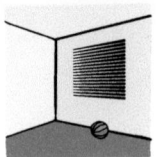

floor
fam

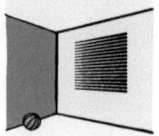

wall
ɛban

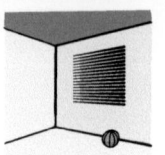

ceiling
siilin

cellar
ɛdan a ɛhyɛ fam

sauna
beaɛ a wɔkɔto hyew

balcony
pɔɔkye

terrace
asaase a wafuntum na wɔde dua nnɔbaeɛ

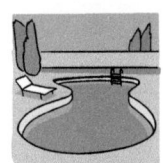

pool
nsuo a wɔdware mu

lawn mower
afidie a wɔde dɔ

sheet
krataa

bedspread
nnasoɔ

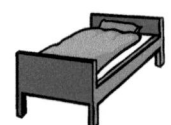

bed
mpa

broom
praeɛ

bucket
bɔkiti

switch
deɛ wɔde sɔ kanea

house - efie

# living room
## ɛdan a wɔtena mu

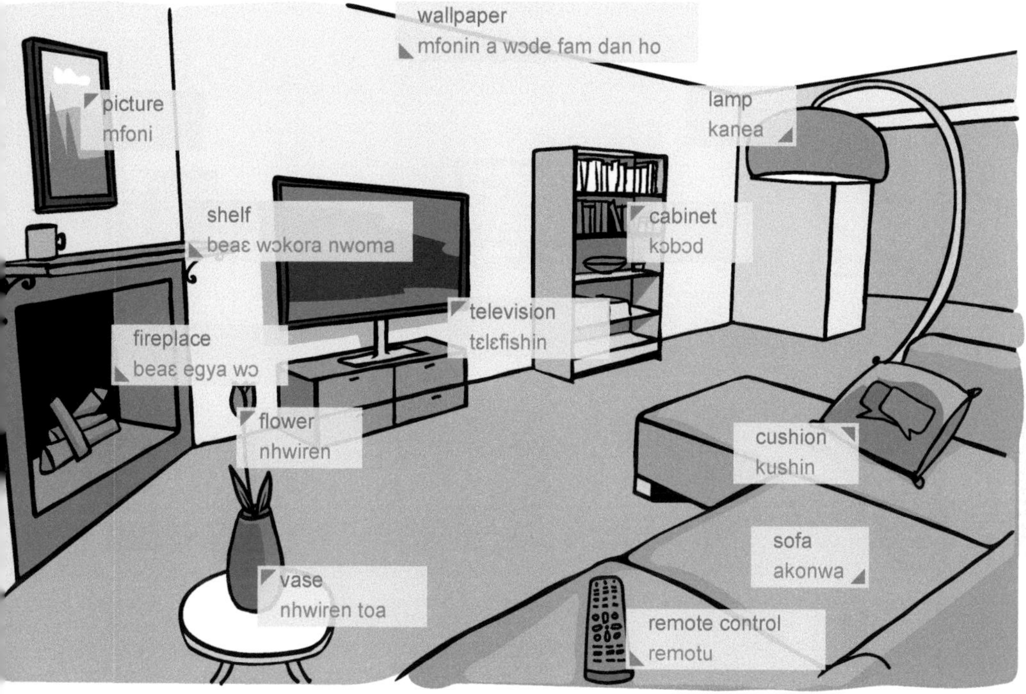

- wallpaper — mfonin a wɔde fam dan ho
- picture — mfoni
- lamp — kanea
- shelf — beaɛ wɔkora nwoma
- cabinet — kɔbɔd
- fireplace — beaɛ egya wɔ
- television — tɛlɛfishin
- flower — nhwiren
- cushion — kushin
- vase — nhwiren toa
- sofa — akonwa
- remote control — remotu

carpet
kapɛt

drape
kɛtin

table
pono

chair
akonwa

rocking chair
akonwa aa ɛkɔ anim ne akyi

armchair
nsaakonwa

book
nwoma

blanket
kuntu

decoration
beaɛ asiesie

firewood
egya

film
mfoni

stereo system
hi-fi afidie

key
safoa

newspaper
dawurubɔ krataa

painting
akaado

poster
mfoni

radio
akasanoma

notebook
nwoma a wɔtwerɛ nsɛmpɔ gu mu

vacuum cleaner
afidie a wɔde pra mfuturo

cactus
cactus

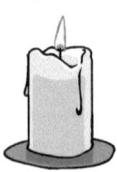

candle
kandele

living room - ɛdan a wɔtena mu

# kitchen
# gyaade

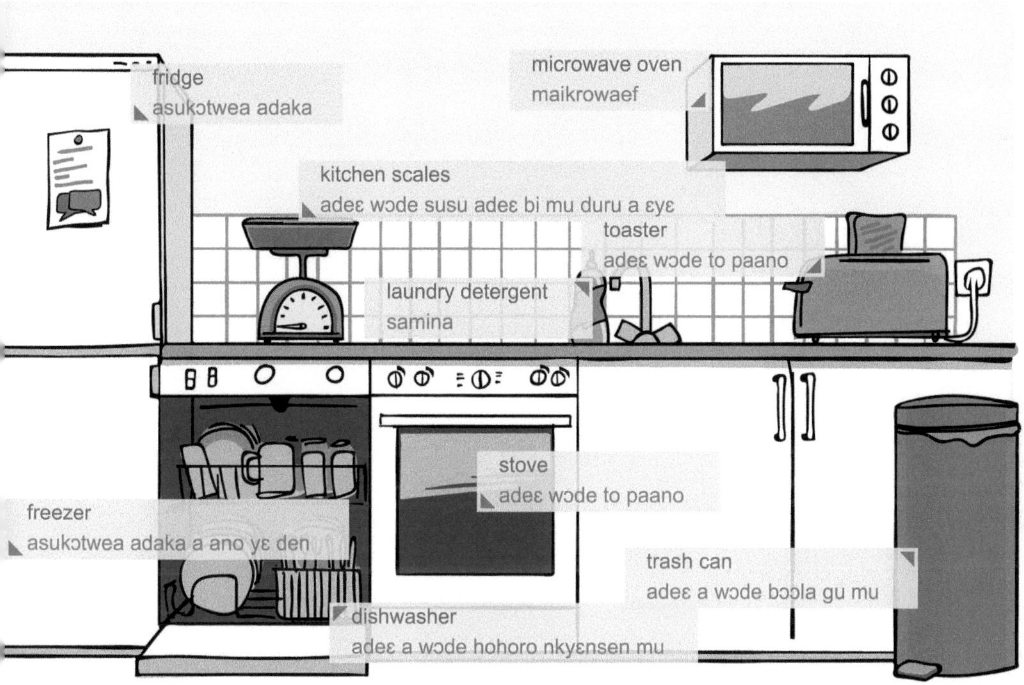

fridge
asukɔtwea adaka

microwave oven
maikrowaef

kitchen scales
adeɛ wɔde susu adeɛ bi mu duru a ɛyɛ

toaster
adeɛ wɔde to paano

laundry detergent
samina

stove
adeɛ wɔde to paano

freezer
asukɔtwea adaka a ano yɛ den

trash can
adeɛ a wɔde bɔɔla gu mu

dishwasher
adeɛ a wɔde hohoro nkyɛnsen mu

cooker
adeɛ a wɔde noa aduane

pot
kukuo

cast-iron pot
dadesɛn

wok / kadai
wok / kadai

pan
pan

kettle
adeɛ wɔde noa nsuo

kitchen - gyaade

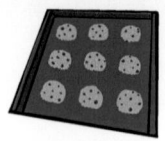

| steamer | baking tray | crockery |
|---|---|---|
| nea yɛde ka aduane hye | adeɛ wɔto so paano | nkyɛnsen a wɔdidi mu |

| mug | bowl | chopsticks |
|---|---|---|
| kuruwa | kyɛnsen | nnua a wɔde didie |

| ladle | spatula | whisk |
|---|---|---|
| kwantere | atere | adeɛ wɔde nu adeɛ mu |

| strainer | sieve | grater |
|---|---|---|
| sɔneɛ | sɔneɛ | adeɛ a wɔde twi adeɛ |

| mortar | barbecue | fireplace |
|---|---|---|
| waduro | adeɛ a wɔde toto nam | egya a biribiara mmɔ ho ban |

kitchen - gyaade

chopping board
adeɛ a wɔtwitwa so nnooma

rolling pin
adea wɔde twi nnooma

corkscrew
adeɛ a wɔde tu toa ano

can
konku

can opener
adeɛ wɔde bie konku so

oven cloth
nea yɛde sɔ kukuo mu

sink
adeɛ a wɔhohoro nkyɛnse wɔ mu

brush
adeɛ a wɔde twitwi

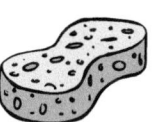
sponge
sapɔ

blender
afidie wɔde yam nnuane

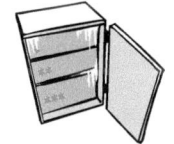
deep freezer
asukɔtwea adaka a ano yɛ den

baby bottle
abɔfra toa

tap
nsuo

kitchen - gyaade

# bathroom
## adwareɛ

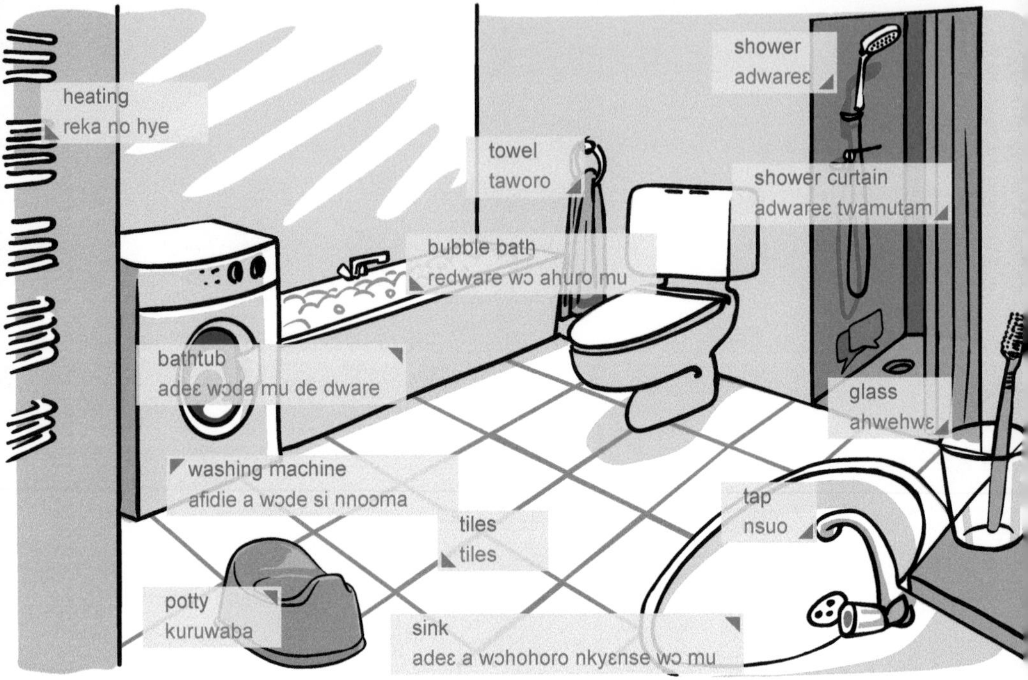

- heating — reka no hye
- shower — adwareɛ
- towel — taworo
- shower curtain — adwareɛ twamutam
- bubble bath — redware wɔ ahuro mu
- bathtub — adeɛ wɔda mu de dware
- glass — ahwehwɛ
- washing machine — afidie a wɔde si nnooma
- tap — nsuo
- potty — kuruwaba
- tiles — tiles
- sink — adeɛ a wɔhohoro nkyɛnse wɔ mu

toilet
agyananbea

squat toilet
agyananbea a wɔkotoso

bidet
bidet

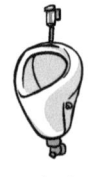

urinal
dwonsɔbea

toilet paper
tiafi krataa

toilet brush
adeɛ a wɔde twitwi agyanbea

toothbrush

adeɛ wɔde twitwiri ɛse

toothpaste

aduro wɔde twitwiri ɛse

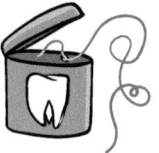

dental floss

adeɛ wɔde yiyi ɛse ntam

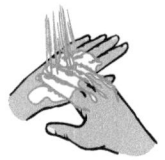

wash

si

hand shower

adeɛ wɔsɔ mu de dware

douche

adeɛ nsuo fa mu na wɔde hohoro mmaa ase

basin

adeɛ wɔsi nnooma wɔ mu

back brush

adeɛ wɔde twitwi yakyi

soap

samina

shower gel

adwareɛ samina

shampoo

deɛ wɔde hohoro tirinwii mu

flannel

ntoma wɔde asaawa na ayɛ

drain

nsuokwan

creme

nkuu

deodorant

aduro a wɔde fa mmɔtoamu

bathroom - adwareɛ

mirror
ahwehwɛ

hand mirror
ahwehwɛ kumaa

razor
yiwan

shaving foam
aduro a wɔde yi

aftershave
aduro a wɔde sera beaɛ wayi

comb
afe

brush
brɔsh

hair-dryer
afidie a wɔde ka nwii ma no wo

hairspray
adeɛ wɔde aduro gu mu de gu nwii so

makeup
adeɛ wɔde yɛn wɔn anim

lipstick
adeɛ wɔde keka ano

nail varnish
aduro a wɔde ka mmɔwerɛ so

cotton wool
asaawa

nail scissors
apasoɔ a wɔde twitwa mmɔwerɛ

perfume
aduham

bathroom - adwareɛ

washbag
..................
baage a wɔde nnooma gu mu wɔ adwareɛ

stool
..................
akonwa

weighing scales
..................
afidie a wɔde susu adeɛ bi mu duro

bathrobe
..................
ataadeɛ wɔhyɛ berɛ a wɔrekɔdware

rubber gloves
..................
adeɛ wɔde hyɛ wɔn nsa a wɔde rɔba na ayɛ

tampon
..................
adeɛ wɔde twe nsuo firi pirakuro mu

sanitary towel
..................
deɛ mmaa de siesie wɔn ho berɛ wɔn abu wɔn nsa

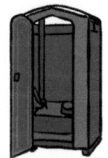

chemical toilet
..................
agyananbea a wɔde nnuro kora

# kids room
# abɔfra dan mu

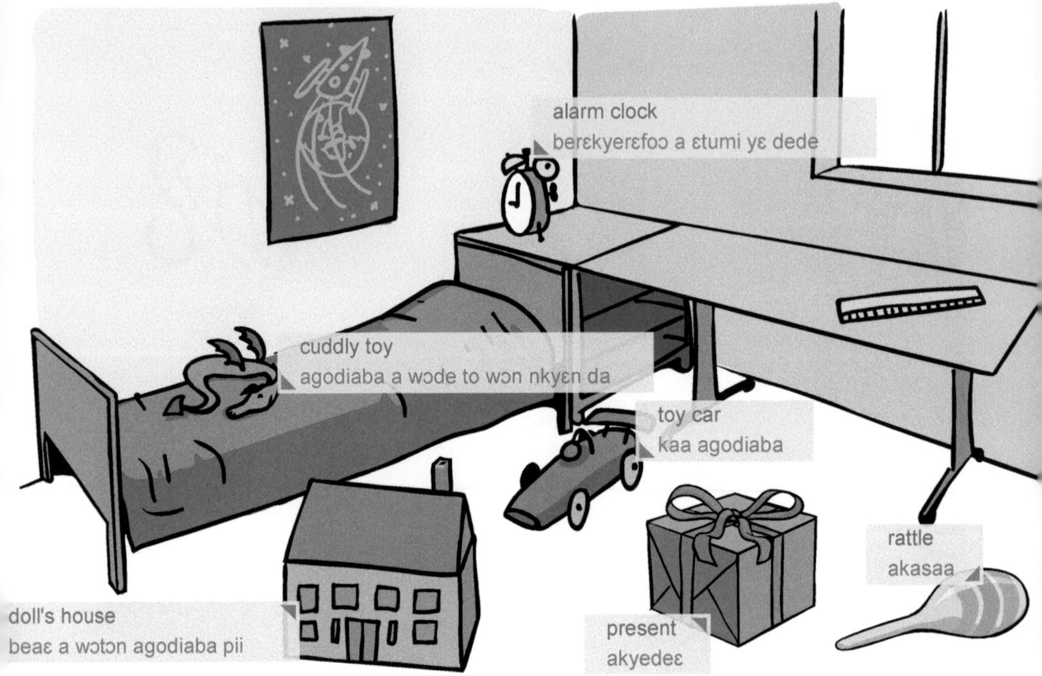

alarm clock
berɛkyerɛfoɔ a ɛtumi yɛ dede
cuddly toy
agodiaba a wɔde to wɔn nkyɛn da
toy car
kaa agodiaba
rattle
akasaa
doll's house
beaɛ a wɔtɔn agodiaba pii
present
akyedeɛ


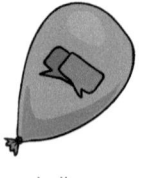

balloon

baluu

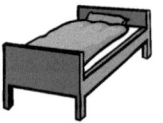

bed

mpa

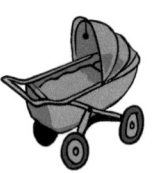

stroller

adeɛ a wɔde mmɔfra to mu pia wɔn

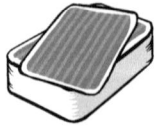

deck of cards

nkrataa a ɛhyɛ adaka mu

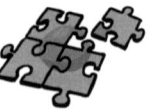

jigsaw

mfonin asiniasini a wɔkeka si ani hyehyɛ

SUPER MEGA

comic

mmɔfra aseresɛm nwoma

lego bricks

lego bricks

toy blocks

blɔks a wɔde si dan

action figure

mmɔfra agodiaba

romper suit

mmɔfra ataade a wɔayɛ abɔ mu

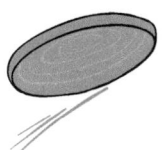

frisbee

frisbee

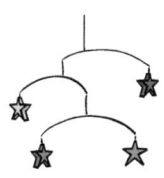

mobile

agodiaba a wɔde sensɛne mmɔfra mpa so

board game

agorɔ a ɛwɔ pono so

dice

ludu aba

model train set

ketekye ketewa

pacifier

adeɛ a wɔde hyɛ mmɔfra anumu

party

apontoɔ

picture book

krataa mfonin wɔ mu

ball

bɔɔlo

doll

agodiaba

play

di agorɔ

kids room - abɔfra dan mu

sandpit

adeɛ wɔde anwea agu mu a mmɔfra di mu agorɔ

swing

adonko

toys

agodiaba

video game console

afidie abɛɛfo agodie wɔ so a wɔbɔ

tricycle

dadepɔnkɔ a ne nan yɛ mmiensa

teddy bear

sisire agodiaba

wardrobe

wɔdrop

## clothing

## ataadeɛ

socks

adeɛ a wɔhyɛ ansa na wahyɛ mpaboa

stockings

ataade tenten a wɔhyɛ wɔ wɔn nan ho

tights

ataadeɛ a ɛkyekyere deɛ wahyɛ no

clothing - ataadeɛ

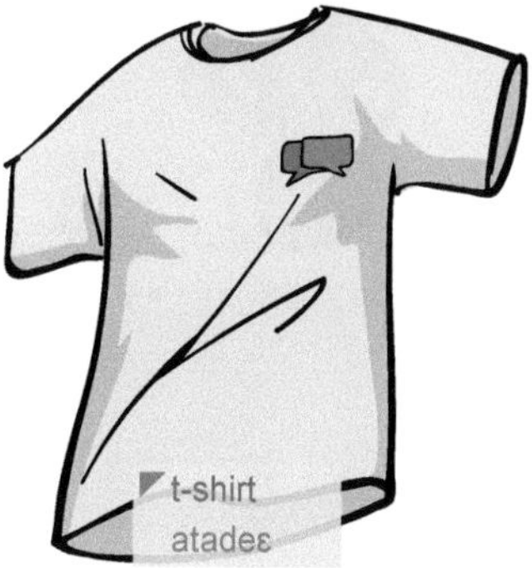

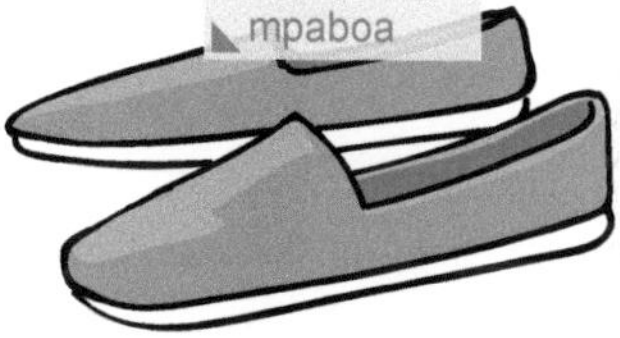

scarf — duku

belt — abɔɔmu

umbrella — kyiniɛ

t-shirt — atadeɛ

sneakers — mpaboa

boots — mpaboa

slippers — mpaboa

sandals

mpaboa

shoes

mpaboa

rubber boots

rɔba mpaboa

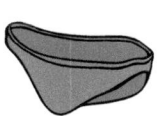

underwear

drɔs

bra

adeɛ mmaa hyɛ de kora wɔn nufu

undershirt

fɛst

clothing - ataadeɛ

body
nipadua

pants
trɔsa

jeans
gyins

skirt
skɛɛte

blouse
mmaa ataade soro

shirt
ataadesoro

pullover
swata

sweater
ataadeɛ a ɛkyɛ wɔ mu

blazer
kootu

jacket
ataade ngusoɔ

coat
kootu

raincoat
ataadeɛ wɔhyɛ berɛ nsuo retɔ

costume
ataadehyɛ

dress
ataadeɛ

wedding dress
ayifrɔ atadeɛ

clothing - ataadeɛ

suit
ataade nkatasoɔ

nightgown
ataadeɛ a yɛhyɛ de da

pajamas
pigyamas

sari
sari

headscarf
duku

turban
duku

burka
ataadeɛ Nkramofoɔ mmaa hyɛ na ɛkata wɔn tiri so de kɔsi wɔn nan ase

kaftan
kaftan

abaya
abaya

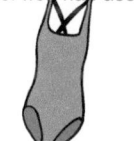
swimsuit
ataadeɛ a wɔhyɛ de dware nsuo mu

trunks
nika

shorts
nika

tracksuit
traksuit

apron
ntoma a wɔde kata wɔn kɔnmu berɛ wɔreyɛ aduane

gloves
adeɛ wɔde hyɛ wɔn nsa

clothing - ataadeɛ

button

batin

glasses

ahwehwɛniwa

bracelet

adeɛ wɔde to wɔn nsa

necklace

kɔnmuade

ring

kawa

earring

asomadeɛ

cap

ɛkyɛ

coat hanger

adeɛ a wɔde kootu hyɛ so

hat

ɛkyɛ

tie

abɔɔmenemu

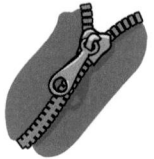

zip

zip

helmet

ɛkyɛ a wɔhyɛ de twi motosakre

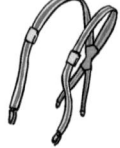

braces

bresis

school uniform

sukuu ataadeɛ

uniform

ataadeɛ

bib

adeɛ a wɔde gu abɔfra kɔn mu berɛ a wɔredidi

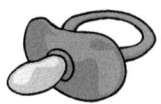

pacifier

adeɛ a wɔde hyɛ mmɔfra anumu

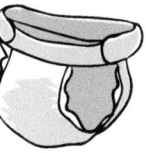

diaper

moase tam

## office
## ɔfise

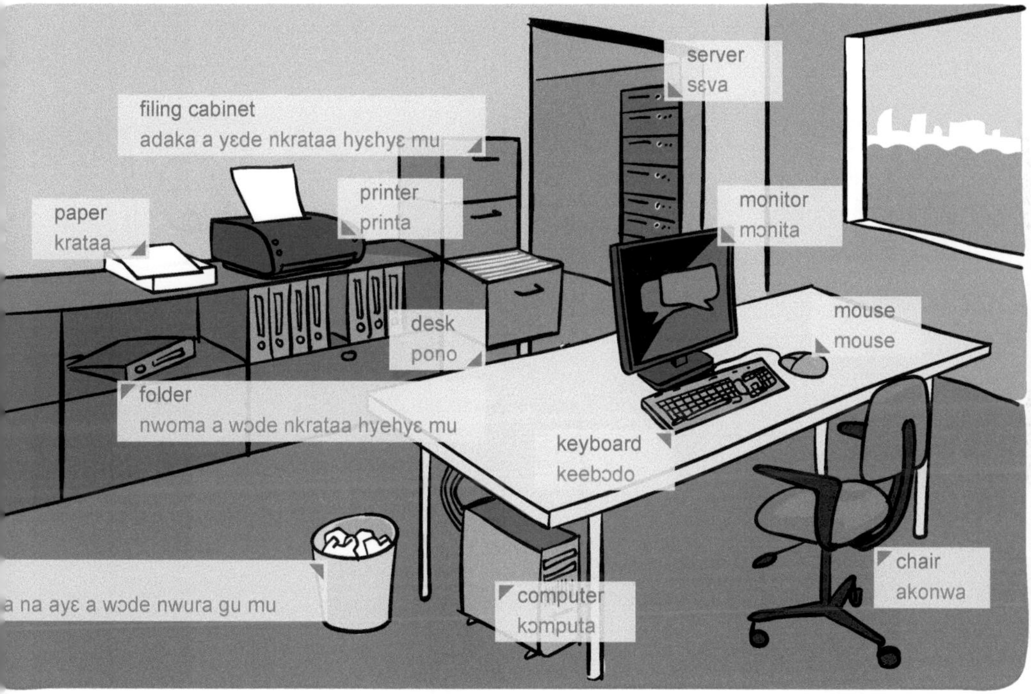

server
sɛva

filing cabinet
adaka a yɛde nkrataa hyɛhyɛ mu

printer
printa

paper
krataa

monitor
monita

desk
pono

mouse
mouse

folder
nwoma a wɔde nkrataa hyɛhyɛ mu

keyboard
keebɔdo

chair
akonwa

a na ayɛ a wɔde nwura gu mu

computer
kɔmputa

coffee mug

kɔfe kuruwa

calculator

afidie a wɔde bu nkɔntaa

internet

intanɛt

laptop
laptop

letter
krataa

message
nkratoɔ

cell phone
mobile

network
nɛtwɛk

photocopier
fotokɔpia

software
sɔftwɛɛ

telephone
tetefon

plug socket
plɔg sɔkɛti

fax machine
fax afidie

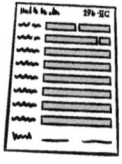
form
krataa

document
krataa

office - ɔfise

# economy
## sikasem

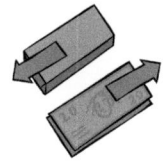

buy
tɔ

pay
tua

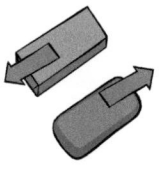

trade
tɔn

money
sika

dollar
dollar

euro
euro

yen
yen

rouble
rouble

Swiss franc
Swiss franc

renminbi yuan
renminbi yuan

rupee
rupee

cash point
sikabea

currency exchange office
baabi aa yɛsesa

gold
sikakɔkɔɔ

silver
dwetɛ

oil
ngo

energy
ahoɔden

price
ne boɔ

contract
nteaseɛ a ɛwɔ krataa so

tax
ɛtoɔ

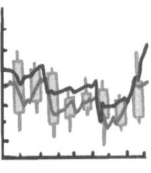

stock
stock

work
yɛ adwuma

employee
odwumayɛni

employer
obi a wafa obi adwumamu

factory
afidihyehyɛbea

shop
beaɛ a wɔtɔn adeɛ

economy - sikasem

# occupations
# nnwuma ahodoɔ

**police officer** — polisini
**fireman** — gyadumni
**cook** — obi a wɔnoa aduane
**doctor** — dɔkota
**pilot** — obi a wɔtwi ewiemhyɛn

gardener
kuani

carpenter
nnuaseni

seamstress
ɔbaa a wɔpam adeɛ

judge
otɛnmuani

chemist
dufrani

actor
siniyifoɔ

bus driver
hyɛnkani

taxi driver
taxi drɔba

fisherman
ɔfarifo

cleaning lady
ɔbaa wɔpopa beaɛ

roofer
obi a wɔbɔ dan so

waiter
barima a wɔsom wɔ beaɛ a wɔtɔn aduane

hunter
ɔbɔmɔfo

painter
obi wɔde akaado keka ɛden ne nnoɔma aka ho

baker
brodotofo

electrician
obi a wɔyɛ nkaneɛ ho adwuma

builder
dansifo

engineer
obi a wɔyɛ mfidie akɛseɛ ho adwuma

butcher
namtɔnfo

plumber
obi a wɔhyehyɛ drobɛn a nsuo fa mu

postman
obi a wɔde nkrataa a amanfoɔ atwerɛ soma no

occupations - nnwuma ahodoɔ

soldier
ɔsrani

architect
obi a wɔyɛ adansie ho adwuma

cashier
obi a wɔhwɛ sika so

florist
obi a wɔtɔn nhwiren

hairdresser
obi a wɔyɛ tire

conductor
deɛ wɔgyegye sika wɔ ɛhyɛn mu

mechanic
obi a wɔsiesie ɛhyɛn

captain
panin

dentist
dɔkota a wɔhwɛ se

scientist
abodeɛmu nyasapɛni

rabbi
ɔkyerɛkyerɛni

imam
imam

monk
monk

pastor
sofo

occupations - nnwuma ahodoɔ

# tools
## akadeɛ

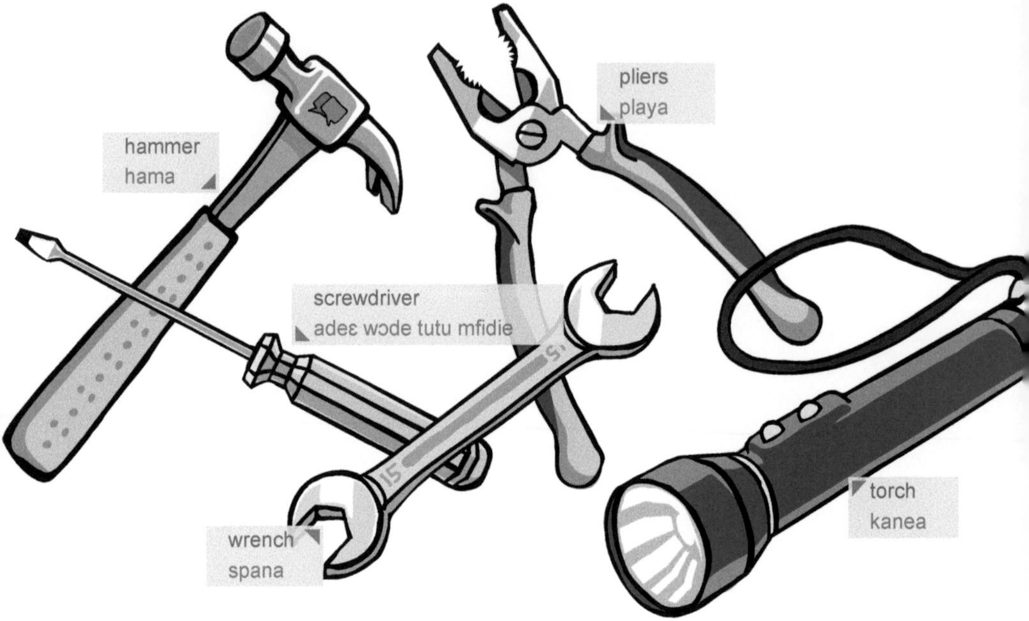

hammer
hama

pliers
playa

screwdriver
adeɛ wɔde tutu mfidie

wrench
spana

torch
kanea

excavator

afidie a wɔde tu fam

toolbox

adaka a wɔde nnooma a
wɔde yɛ adwuma gu mu

ladder

atwedeɛ

saw

sradaa

nails

nnadowa

drill

afidie a wɔde mmia nnooma
mu

repair
siesie

shovel
sofi

Damn!
Yieee!

dustpan
asesa nwura

paint can
akaado kora

screws
dadeɛ wɔde bobɔ nnooma mu

## musical instruments
## mfidie a wɔde bɔ nnwom

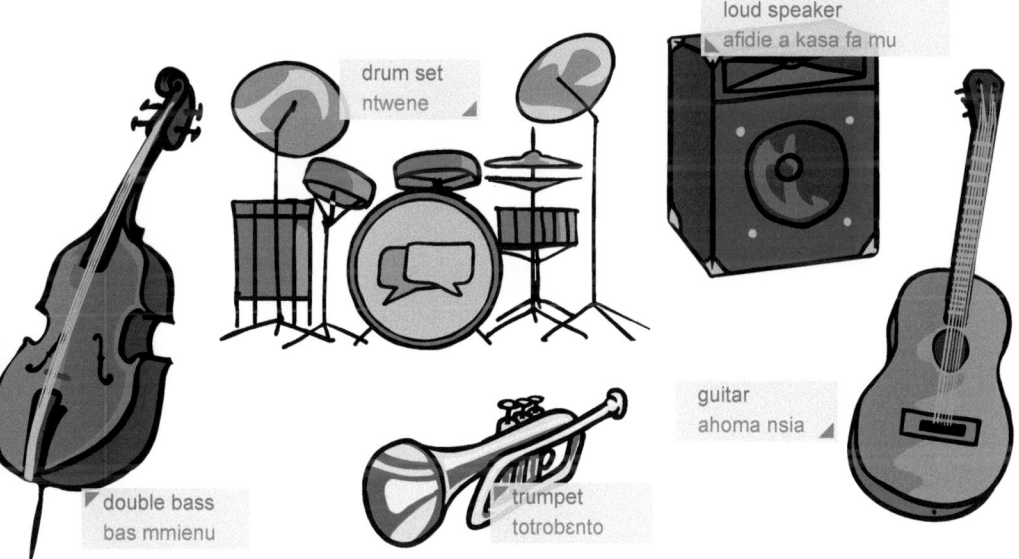

drum set
ntwene

loud speaker
afidie a kasa fa mu

guitar
ahoma nsia

double bass
bas mmienu

trumpet
totrobɛnto

piano
sankuo

violin
sankuo

bass
ahoma nsia

timpani
timpani

drums
ntwene

keyboard
sankuo

saxophone
sasofon

flute
trobɛnto

microphone
akasanoma

# zoo
# mmoakurabea

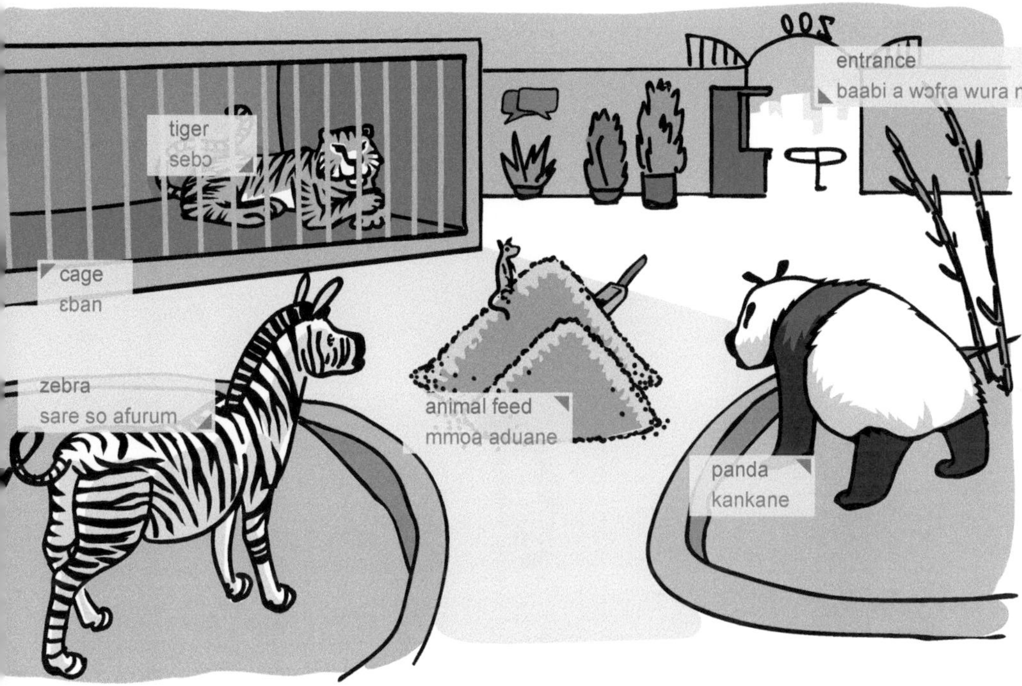

**entrance**
baabi a wɔfra wura mu

**tiger**
sebɔ

**cage**
ɛban

**zebra**
sare so afurum

**animal feed**
mmoa aduane

**panda**
kankane

animals

mmoa

elephant

ɔsono

kangaroo

kangaroo

rhino

bɛnkorɔ

gorilla

akaatia

bear

sisire

zoo - mmoakurabea

camel
yoma

ostrich
sohori

lion
gyata

monkey
kontromfi

flamingo
asukɔnkɔn

parrot
ako

polar bear
sisire

penguin
penguin

shark
oboodede

peacock
kohaa

snake
ɔwɔ

crocodile
dɛnkyɛm

zookeeper
mmoasohwɛfo

seal
sukraman

jaguar
sebɔ

pony

pɔnkɔ ketewa

leopard

etwie

hippo

susono

giraffe

kontenten

eagle

ɔkɔdeɛ

boar

kɔkɔte

fish

nsuomunam

turtle

sudanda

walrus

sukraman

fox

sakraman

gazelle

adowa

zoo - mmoakurabea

# sports
# agokansie

# activities
# dwumadie ahodoɔ

jump
huri

laugh
sre

hug
fam

walk
nante

sing
to nwom

dream
so daeɛ

pray
bɔ mpaeɛ

kiss
fe ano

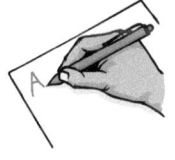

write

twerɛ

draw

dwidwi

show

kyerɛ

push

pia

give

ma

take

fa

have
gye

do
yɛ

be
yɛ

stand
gyina

run
tu mirika

pull
twe

throw
to

fall
tɔ fam

lie
twa ntorɔ

wait
twɛn

carry
soa

sit
tena ase

get dressed
hyɛ atadeɛ

sleep
da

wake up
sɔre

activities - dwumadie ahodoɔ

look at
hwɛ

cry
su

stroke
fa wo nsa fefa ho

comb
nunu wotirim

talk
kasa

understand
te aseɛ

ask
bisa

listen
tie

drink
nom

eat
didi

tidy up
siesie

love
dɔ

cook
noa

drive
ka kaa

fly
tu

activities - dwumadie ahodoɔ

sail
ka

calculate
bo ho nkonta

read
kan

learn
sua

work
yɛ adwuma

marry
ware

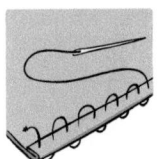
sew
pam

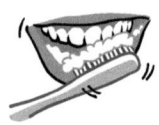
brush teeth
twitwi wo se

kill
kum

smoke
hye

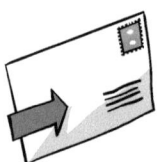
send
soma

activities - dwumadie ahodoɔ

# family
# abusua

- grandmother — nanabaa
- grandfather — nana barima
- father — papa
- mother — maame
- baby — abɔfra
- daughter — babaa
- son — babarima

guest
ɔhɔhoɔ

aunt
sewaa

uncle
wɔfa

brother
nua barima

sister
nuabaa

# body
# nipadua

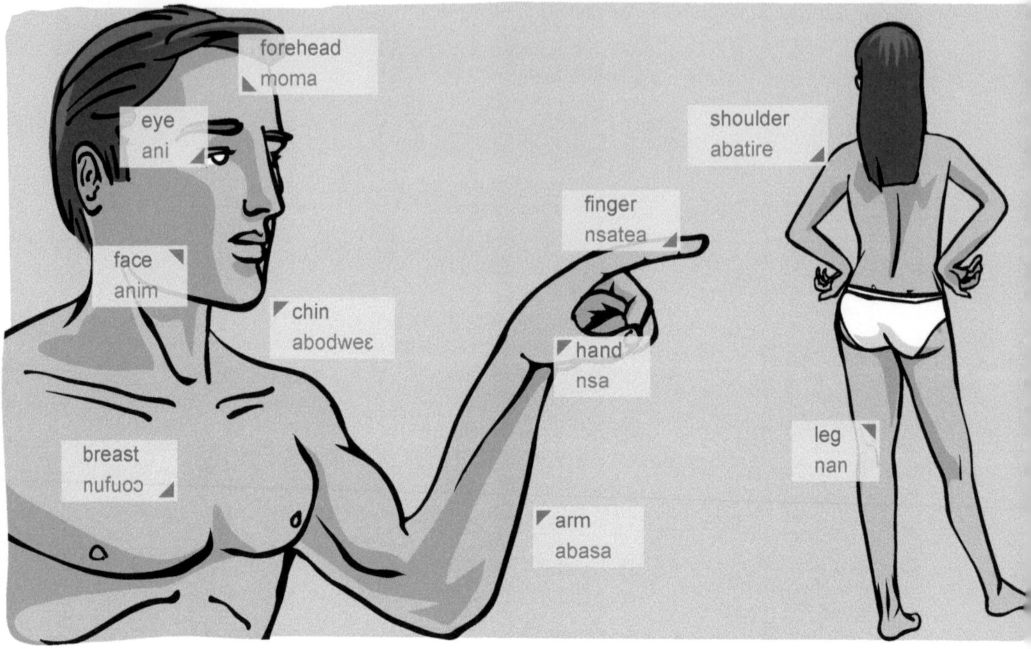

- forehead — moma
- eye — ani
- shoulder — abatire
- finger — nsatea
- face — anim
- chin — abodweɛ
- hand — nsa
- breast — nufuoɔ
- leg — nan
- arm — abasa

baby
abɔfra

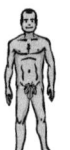
man
barima

woman
ɔbaa

girl
abaayewa

boy
abarimaa

head
ɛtire

| | | |
|---|---|---|
| 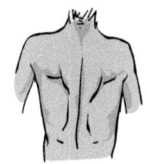 | 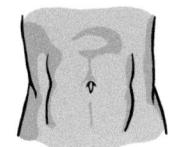 | 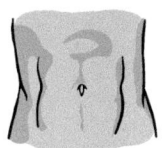 |
| back / akyi | belly / yafunu | navel / furuma |
| 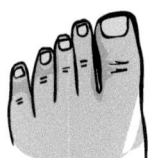 | 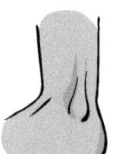 | 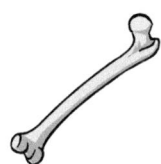 |
| toe / nansoa | heel / nantini | bone / dompe |
| 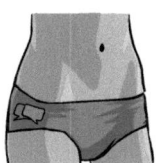 | 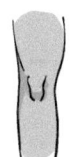 | 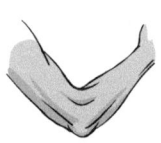 |
| hip / sisi | knee / kotodwe | elbow / abatwerɛ |
|  |  | 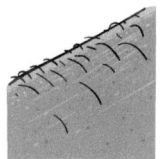 |
| nose / hwene | buttocks / ɛtoɔ | skin / wedeɛ |
| 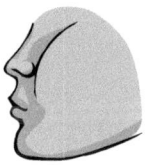 | 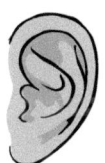 | 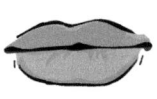 |
| cheek / afono | ear / aso | lip / ano |

body - nipadua

mouth
ano

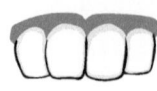
tooth
ɛse

tongue
tɛkyerɛma

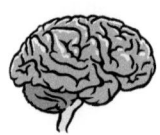
brain
adwene

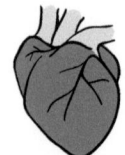
heart
akoma

muscle
honam

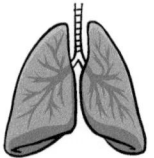
lung
ahrawa

liver
brɛboɔ

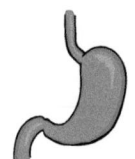
stomach
afuro

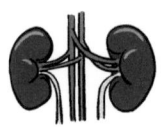
kidneys
sawa

sex
barima ne ɔbaa nna mu nhyiamu

condom
kɔndɔm

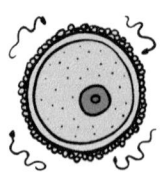
ovum
nkosua a ɛwɔ obaa mu

semen
barima ho nsuo

pregnancy
nyinsɛn

body - nipadua

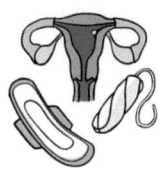

menstruation
brayɔ

vagina
εtwε

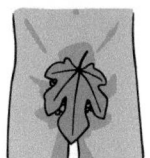

penis
kɔteɛ

eyebrow
aniakyi nwii

hair
nwii

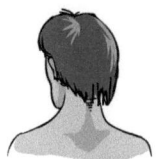

neck
kɔn

# hospital
# asopiti

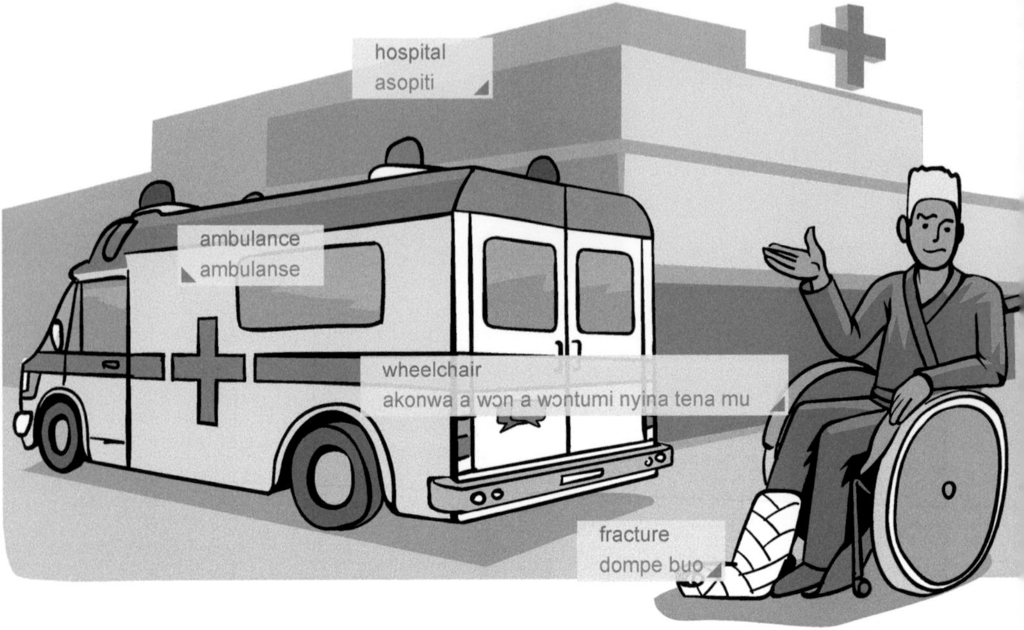

- hospital / asopiti
- ambulance / ambulanse
- wheelchair / akonwa a wɔn a wɔntumi nyina tena mu
- fracture / dompe buo

doctor
dɔkota

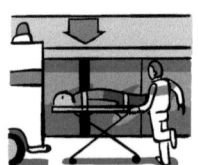
emergency room
ɛdan a wɔde wɔn a wɔn apira kɔ mu kɔhwɛ wɔn ɔhare so

nurse
nɛɛse

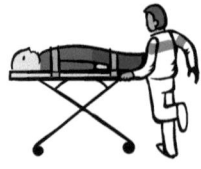
emergency
putupru

unconscious
fenti

pain
yaw

injury
pira

bleeding
mogyatuo

heart attack
akoma yareɛ

stroke
nwodwoɔ yareɛ

allergy
adeɛ wo honam mpɛ

cough
ɛwa

fever
ahoɔhyeɛ

flu
papu

diarrhea
ayɛmhwie

headache
tiripayɛ

cancer
kokoram

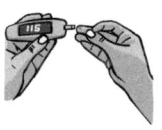
diabetes
asikyire yareɛ

surgeon
dɔkotani wɔpaepae obi sa no yareɛ

scalpel
sekamma

operation
repaepae obi ho asa no yareɛ

hospital - asopiti

CT
CT

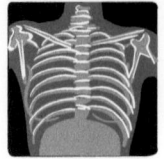
x-ray
x-ray

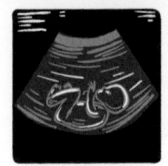
ultrasound
mfonin a wɔtwa de hwɛ awodeɛ mu

face mask
anim nkatadeɛ

disease
yareɛ

waiting room
dan aa yɛtwɛn wɔ mu

crutch
klɔkye

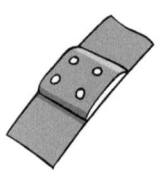
plaster
plasta

bandage
bandege

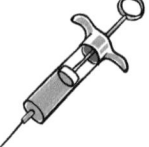
injection
paneɛ

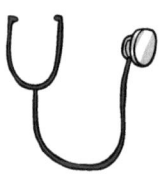
stethoscope
afidie a wɔde tie dede wɔ nnipa ho

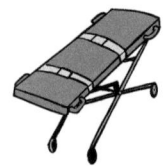
stretcher
mpa

clinical thermometer
afidie wɔde hwɛ ahoɔhyeɛ

birth
awoɔ

overweight
kɛseyɛ mmorosoɔ

hospital - asopiti

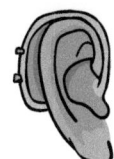

hearing aid

afidie a ɛboa ma obi te asɛm yie

disinfectant

aduro a wɔde ko tia yaremmoa bateria

infection

yareɛ nsaeɛ

virus

yaremmoawa

HIV / AIDS

HIV / AIDS

medicine

aduro

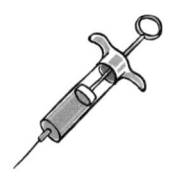

vaccination

nsianoaduru panɛwɔ

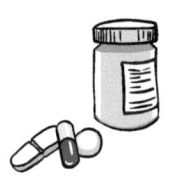

tablets

nnuro a wɔmene

pill

aduro a wɔmene

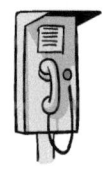

emergency call

putupru frɛ

blood pressure monitor

afidie a wɔde hwɛ sɛdeɛ mogya di aforosane

ill / healthy

yareɛ / ahuɔden

hospital - asopiti

# emergency
## putupru

Help!
Boa me!

alarm
alam

assault
repira obi

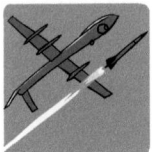

attack
to hyɛ biribi so

danger
amaneɛ

emergency exit
kwan a wɔfa so pue berɛ asɛm asi putupuru

Fire!
Egya!

fire extinguisher
adeɛ a wɔde dum gya

accident
akwanhyia

first-aid kit
mmoa a edikan akadeɛ

SOS
SOS

police
polisi

# earth
# Ewiase

Europe

Europe

North America

North America

South America

South America

Africa

Africa

Asia

Asia

Australia

Australia

Atlantic

Atlantic

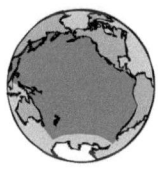

Pacific

Pacific

Indian Ocean

Indian Ocean

Antarctic Ocean

Antartic Ocean

Arctic Ocean

Arctic Ocean

North pole

North Pole

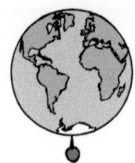
South pole
South Pole

Antarctica
Atartica

earth
Ewiase

land
asaase

sea
ɛpo

island
ɛpoano

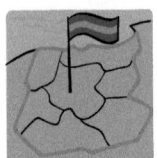
nation
ɔman

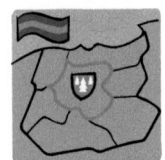
state
ɔman

# clock
## mmerɛ kyerɛfoɔ

clock face

mmerɛ kyerɛfoɔ no anim

hour hand

dɔnhwere nsa

minute hand

sima nsa

second hand

anitɛtɛ nsa

What time is it?

Abɔ sɛn?

day

da

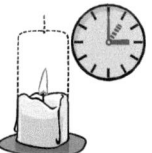

time

mmerɛ

now

seisei ara

digital watch

abɛɛfo mmerɛ kyerɛfoɔ

minute

sima

hour

dɔnhwere

# week
## nnawɔtwe

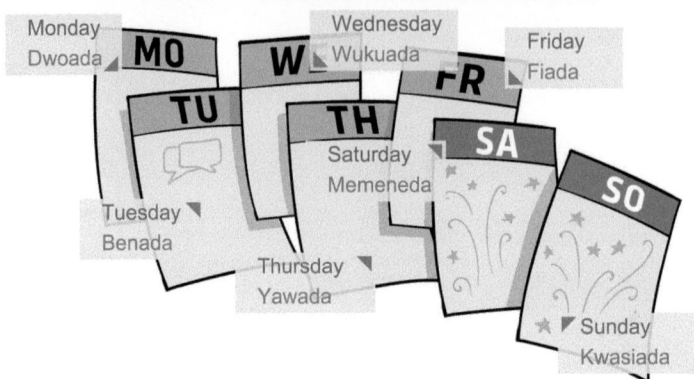

Monday — Dwoada
Tuesday — Benada
Wednesday — Wukuada
Thursday — Yawada
Friday — Fiada
Saturday — Memeneda
Sunday — Kwasiada

yesterday
ɛnora

today
nnɛ

tomorrow
ɔkyena

morning
anɔpa

noon
awia

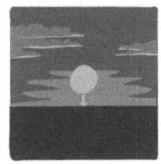

evening
anwummerɛ

workdays
adwuma nna

weekend
nnawɔtwe awieɛ

# year

## afe

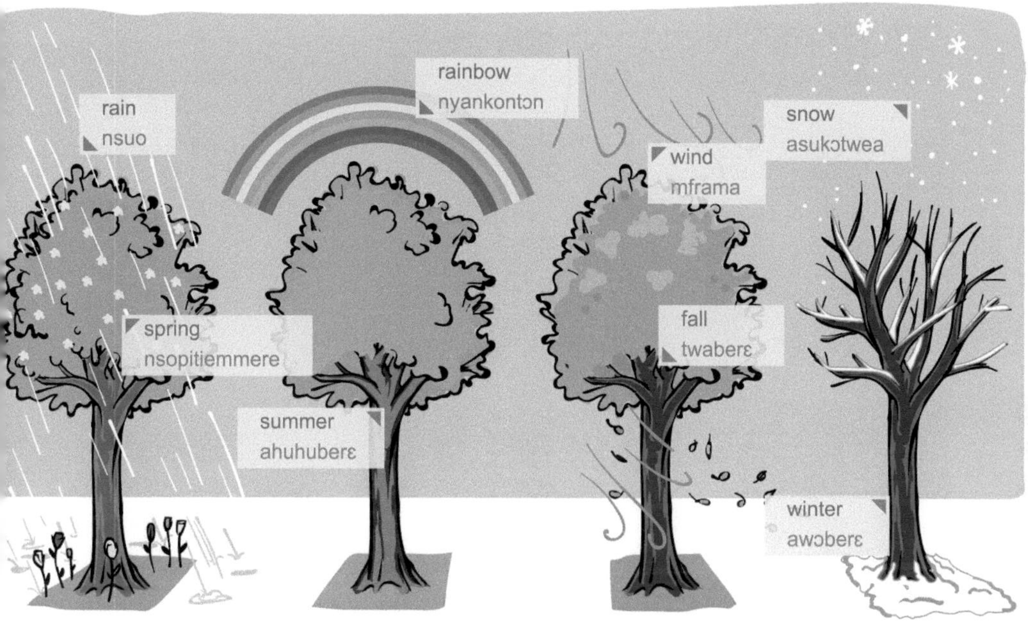
rain
nsuo
rainbow
nyankontɔn
wind
mframa
snow
asukɔtwea
spring
nsopitiemmere
summer
ahuhuberɛ
fall
twaberɛ
winter
awɔberɛ

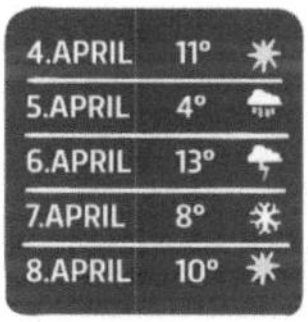
4.APRIL 11°
5.APRIL 4°
6.APRIL 13°
7.APRIL 8°
8.APRIL 10°

weather forecast

ewiemu nsesaeɛ

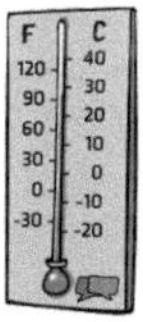
F
C
120
90
60
30
0
-30
40
30
20
10
0
-10
-20

thermometer

afidie a wɔde hwɛ ahoɔhyeɛ

sunshine

awiabɔ

cloud

munumkum

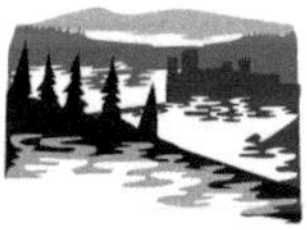

fog

ɛbɔ

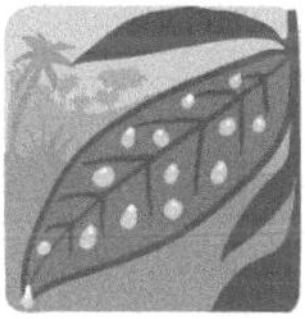

humidity

nsuo a ɛwɔ mframa mu

lightning

ayerɛmo

thunder

agradaa

storm

nsuden ne mframa

hail

sukɔtwea

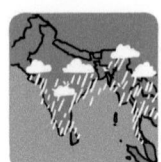

monsoon

mframa a ɛde nsuo ba

flood

nsuyiri

ice

asukɔtwea

January

☐pɛpɔn

February

☐gyefoɔ

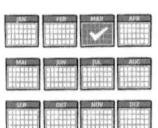

March

☐bɛnem

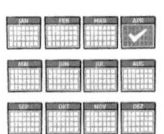

April

Oforisuo

May

Kotonimaa

June

Ayɛwohumumɔ

July

Kitawonsa

August

☐sanaa

year - afe

September
ɛbɔ

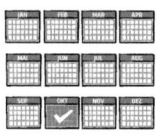
October
Ahinime

November
Obubuo

December
Opɛnimaa

## shapes
## bɔbea

circle
kanko

square
ahenanan

rectangle
fasene

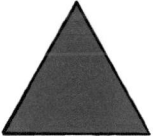
triangle
ahinasa

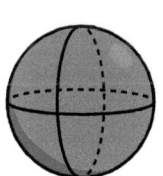
sphere
kanko

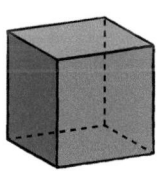
cube
ahenanan

# colors
## ahosuo

white

fitaa

yellow

akokɔsradeɛ

orange

akokɔsradeɛ

pink

memen

red

kɔkɔɔ

purple

beredum

blue

bibire

green

ahabanmono

brown

dodoeɛ

gray

nson

black

tuntum

# opposites
# abirabɔ

a lot / a little

bebree / ketewa

angry / calm

abufuo / brɛo

beautiful / ugly

fɛfɛɛfɛ / tantantan

beginning / end

ahyɛasee / awieɛ

big / small

kɛseɛ / ketewa

bright / dark

ɛhyerɛ / ɛdum

brother / sister

nua barima / nuabaa

clean / dirty

ɛho te / ɛfi

complete / incomplete

wawie / onwieeyɛ

day / night

anopa / anadwo

dead / alive

wawu / ɔtease

wide / narrow

emu bue / emu mmueɛ

edible / inedible
yetumi di / yentumi nni

evil / kind
bɔne / papa

excited / bored
anigyeɛ / w'ani nka

fat / thin
kɛseɛ / hwea

first / last
di kan / ka akyi

friend / enemy
adanfo / atanfo

full / empty
ayɛ ma / hwee nnimu

hard / soft
dendenden / mrɛmrɛmrɛ

heavy / light
emu ye duru / emu yɛ ha

hunger / thirst
ɛkɔm / nsukɔm

ill / healthy
yareɛ / ahuɔden

illegal / legal
ɛnfa mmrakwanso / mmrakwanso

intelligent / stupid
nimdifo / gyimifo

left / right
benkum / nifa

near / far
ɛbɛn / ɛmu ware

opposites - abirabɔ

new / used

foforo / dada

nothing / something

ɛnyɛ hwee / biribi

old / young

panyin / abɔfra

on / off

sɔ / dum

open / closed

bue / yatom

quiet / loud

dinn / dede

rich / poor

sikani / ohiani

right / wrong

papa / bɔne

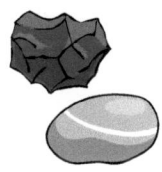

rough / smooth

wewerɛwewerɛ / tromtrom

sad / happy

awerehoɔ / anigye

short / long

tiatia / tentene

slow / fast

brɛoo / ntɛm

wet / dry

afɔ / awo

warm / cool

ɛyɛ hye / adwo

war / peace

ntɔkwa / asomdwoe

opposites - abirabɔ

# numbers
# nɔma

**0** zero — ohunu

**1** one — baako

**2** two — mmienu

**3** three — mmiensa

**4** four — nan

**5** five — num

**6** six — nsia

**7** seven — nson

**8** eight — nwɔtwe

**9** nine — nkron

**10** ten — du

**11** eleven — du-baako

| | | |
|---|---|---|
| **12** twelve — du-mmienu | **13** thirteen — du-mmiensa | **14** fourteen — du-nan |
| **15** fifteen — du-num | **16** sixteen — du-nsia | **17** seventeen — du-nson |
| **18** eighteen — du-nwɔtwe | **19** nineteen — du-nkron | **20** twenty — aduonu |
| **100** hundred — ɔha | **1.000** thousand — apem | **1.000.000** million — ɔpepe |

# languages
# kasa ahodoɔ

English

Brofo kasa

American English

Amerika Brɔfo

Chinese Mandarin

Chinese Mandarin

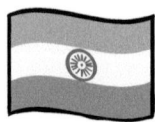

Hindi

Hindi

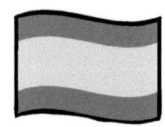

Spanish

Spanish

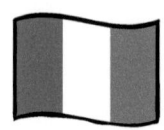

French

French

Arabic

Arabic

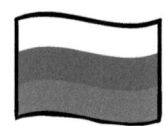

Russian

Russian

Portuguese

Portuguese

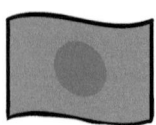

Bengali

Bengali

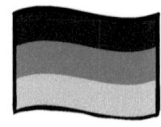

German

German

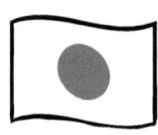

Japanese

Japanese

# who / what / how
## hwan/aden/ sɛn

I
me

you
wo

he / she / it
ɔno

we
yɛn

you
wo

they
wɔn

who?
hwan?

what?
aden?

how?
sɛn?

where?
ɛhefa?

when?
dabɛn?

name
din

# where
# hefa

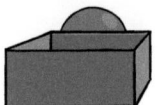

behind

n'akyi

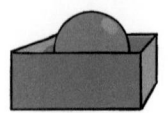

in

ɛmu

in front of

wɔ n'anim

over

soro

on

so

under

asɛɛ

beside

nkyene

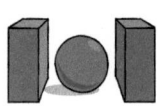

between

ntam

place

fa hyɛ